Impressum
Verlag: BABADADA GmbH, Nedderfeld 112 , 22529 Hamburg
Geschäftsführer / Verlagsleitung: Harald Hof
Druck: Books on Demand GmbH, In de Tarpen 42, 22848 Norderstedt

Imprint
Publisher: BABADADA GmbH, Nedderfeld 112 , 22529 Hamburg, Germany
Managing Director / Publishing direction: Harald Hof
Print: Books on Demand GmbH, In de Tarpen 42, 22848 Norderstedt, Germany

AF220393

المدرسة

sekolah

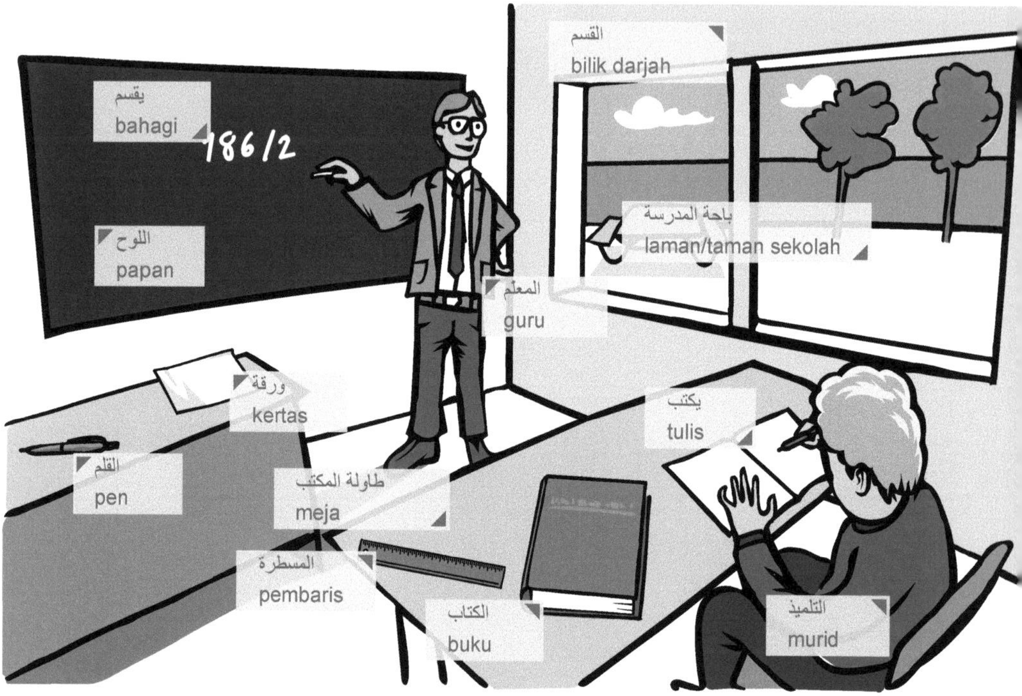

القسم
bilik darjah
يقسم
bahagi
186/2
اللوح
papan
باحة المدرسة
laman/taman sekolah
المعلّم
guru
ورقة
kertas
يكتب
tulis
القلم
pen
طاولة المكتب
meja
المسطرة
pembaris
الكتاب
buku
التلميذ
murid

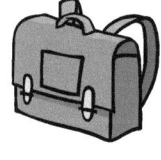

الحقيبة المدرسية

beg galas

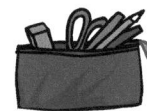

المقلمة

kotak pensel

قلم الرصاص

pensel

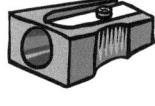

البرّاية

pengasah pensel

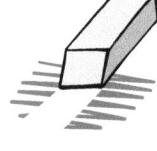

الممحاة

pemadam

دفتر الرسم

kertas lukisan

الرسمة

melukis

الفرشاة

berus lukis

علبة التلوين

kotak warna

المقص

gunting

المادة اللاصقة

gam

دفتر التمارين

buku latihan

الواجب المدرسي

kerja rumah

12

الرقم

nombor

2+2

يجمع

tambah

5-2

يطرح

tolak

2×2

يضرب

darab

يحسب

kira

A

الحرف

huruf

ABCDEFG HIJKLMN OPQRSTU VWXYZ

الأبجدية

abjad

hello

كلمة

kata

النص

teks

يقرأ

baca

الطبشور

kapur

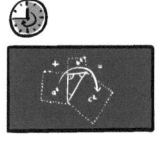

الحصة

pelajaran

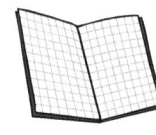

دفتر الدوام المدرسي

daftar

الامتحان

peperiksaan

شهادة

sijil

اللباس المدرسي

uniform sekolah

التعليم

pendidikan

الموسوعة

ensiklopedia

الجامعة

universiti

المجهر

mikroskop

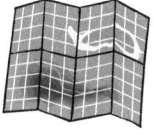

الخريطة

peta

قماما

bakul sampah

سفر

berjalan

فندق
hotel
Grand
بيت الشباب
asrama
ROOMS
مكتب صرافة
pejabat tukaran mata wang
حقيبة
beg pakaian
سيارة
kereta

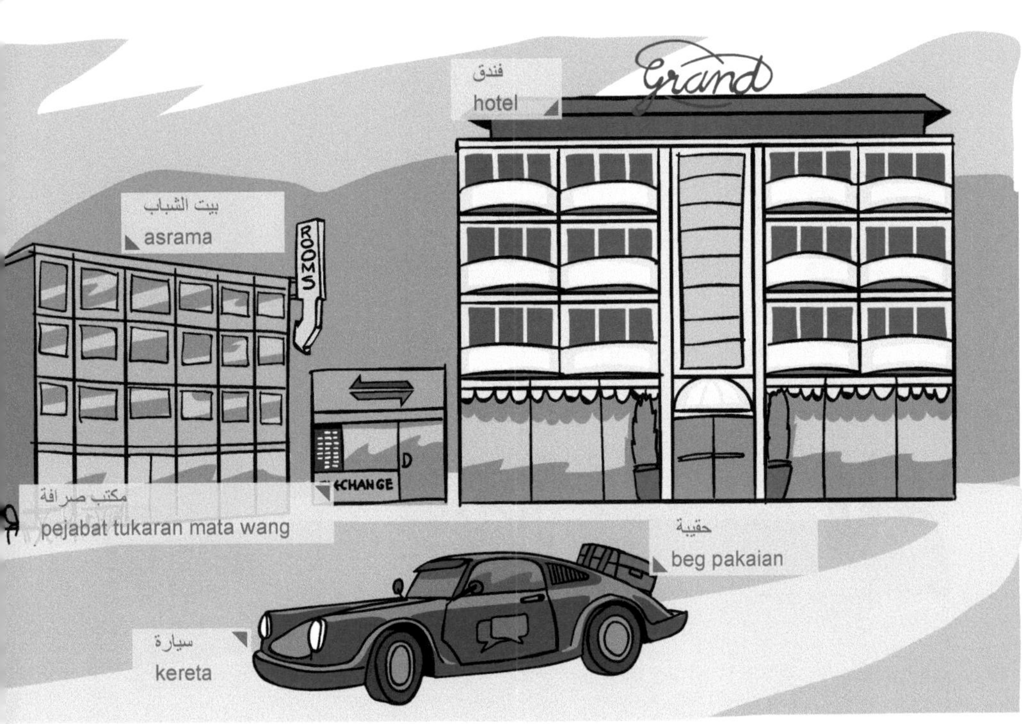

اللغة

bahasa

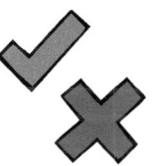

نعم / لا

ya / tidak

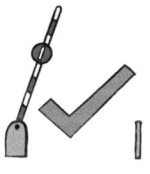

حسناً

okey

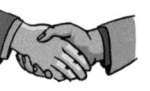

مرحباً

helo

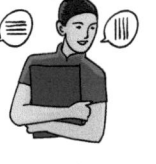

مترجم

penterjemah

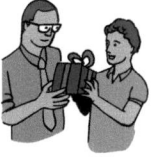

شكراً

Terima kasih

كم ثمن ... ؟

berapa banyak...?

لا أفهم

saya tidak faham

مشكلة

masalah

مساء الخير

Selamat petang!

صباح الخير!

Selamat Pagi!

ليلة سعيدة

Selamat Malam!

إلى اللقاء

selamat tinggal

اتجاه

arah

أمتعة السفر

bagasi

حقيبة

beg

حقيبة ظهر

beg galas

ضيف

tetamu

غرفة

bilik tidur

كيس للنوم

beg tidur

خيمة

khemah

استعلامات سياحية

maklumat pelancong

شاطئ

pantai

بطاقة ائتمان

kad kredit

إفطار

sarapan

طعام الغداء

makan tengah hari

العشاء

makan malam

بطاقة سفر

tiket

مصعد

lif

طابع بريدي

setem

حدود

sempadan

الجمارك

kastam

سفارة

kedutaan

تأشيرة

visa

جواز سفر

pasport

pengangkutan

طائرة
kapal terbang

سفينة
kapal

سيارة إطفاء
kereta bomba

حافلة
bas

سيارة شاحنة
trak

زورق آلي
motobot

سيارة
kereta

درّاجة
basikal

عبارة
feri

قارب
bot

دراجة نارية
motosikal

سيارة شرطة
kereta polis

سيارة سباق
kereta lumba

سيارة مستأجرة
kereta sewa

أسلوب تشاركي في استئجار السيارات

....
berkongsi kereta

سيارة للجر

....
trak tunda

سيارة نقل القمامة

....
trak menolak

محرك

....
motor

وقود

....
bahan api

محطة وقود

....
stesen minyak

إشارة مرور

....
tanda trafik

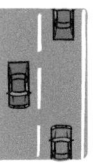

حركة السير

....
trafik

ازدحام سير

....
kesesakan lalu lintas

موقف سيارات

....
tempat parkir

محطة قطار

....
stesen kereta api

سكك حديدية

....
trek

قطار

....
kereta api

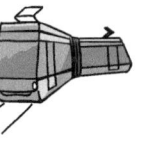

ترام

....
trem

عربة قطار

....
gerabak

طائرة مروحية

helikopter

مطار

lapangan terbang

برج

Menara

مسافر

penumpang

حاوية

bekas

علبة كرتون

kadbod

عربة يد

kart

سلّة

bakul

يقلع / يهبط

berlepas / mendarat

مدينة

bandar

قرية

kampung

مركز المدينة

pusat bandar

بيت

rumah

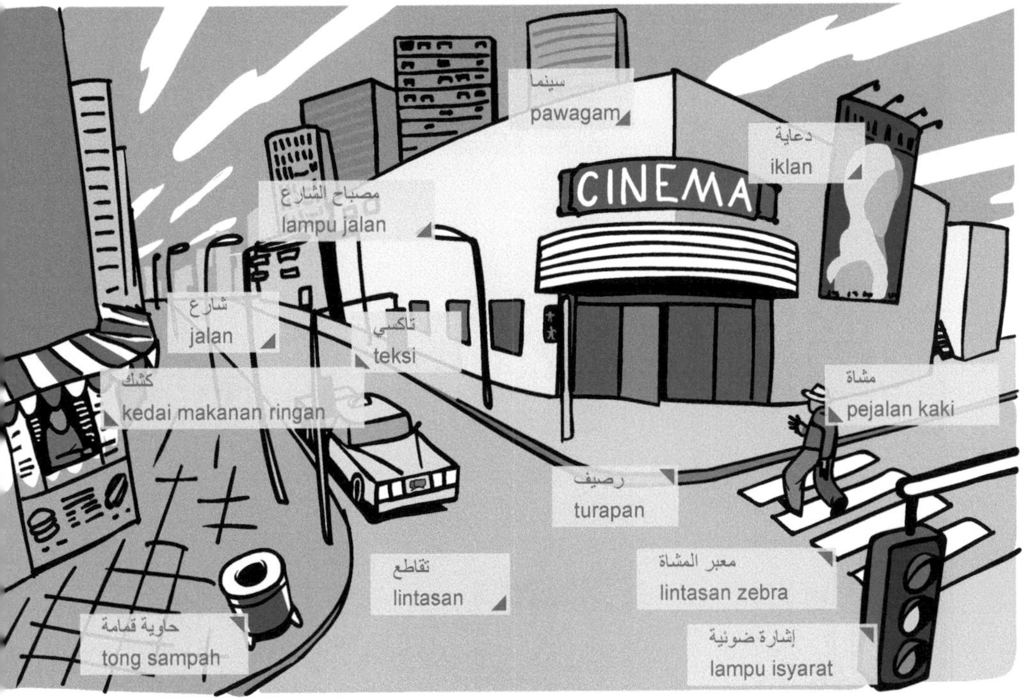

سينما
pawagam

دعاية
iklan

مصباح الشارع
lampu jalan

CINEMA

شارع
jalan

تاكسي
teksi

كشك
kedai makanan ringan

مشاة
pejalan kaki

رصيف
turapan

تقاطع
lintasan

معبر المشاة
lintasan zebra

حاوية قمامة
tong sampah

إشارة ضوئية
lampu isyarat

كوخ
....
pondok

شقة
....
flat

محطة قطار
....
stesen kereta api

دار البلدية
....
dewan bandar

متحف
....
muzium

المدرسة
....
sekolah

الجامعة

universiti

مصرف

bank

المستشفى

hospital

فندق

hotel

صيدلية

farmasi

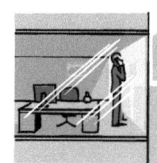

مكتب

pejabat

مكتبة

kedai buku

متجر

kedai

محل لبيع الزهور

kedai bunga

سوبرماركت

pasar raya

سوق

pasaran

متجر كبير

gedung

تاجر السمك

penjual ikan

مركز تسوّق

pusat membeli-belah

ميناء

pelabuhan

حديقة عامة

taman

مقعد

bangku

جسر

jambatan

درج، سلم

tangga

مترو

bawah tanah

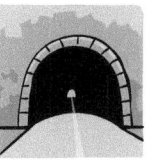

نفق

terowong

موقف حافلات

hentian bas

بار

bar

مطعم

restoran

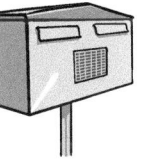

صندوق البريد

peti surat

لافتة باسم الشارع

papan tanda jalan

مقياس زمن الوقوف

meter parkir

حديقة حيوانات

zoo

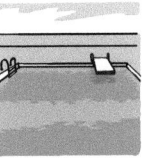

مسبح

kolam renang

مسجد

masjid

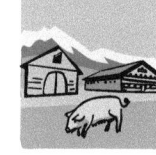

مزرعة

ladang

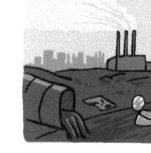

تلوث البيئة

pencemaran

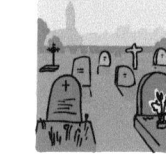

مقبرة

tanah perkuburan

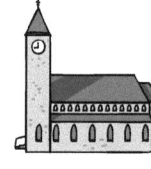

كنيسة

gereja

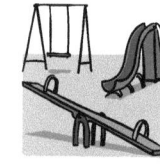

ملعب الأطفال

taman permainan

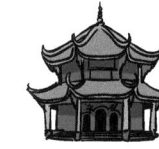

معبد

kuil

طبيعة ريفية

landskap

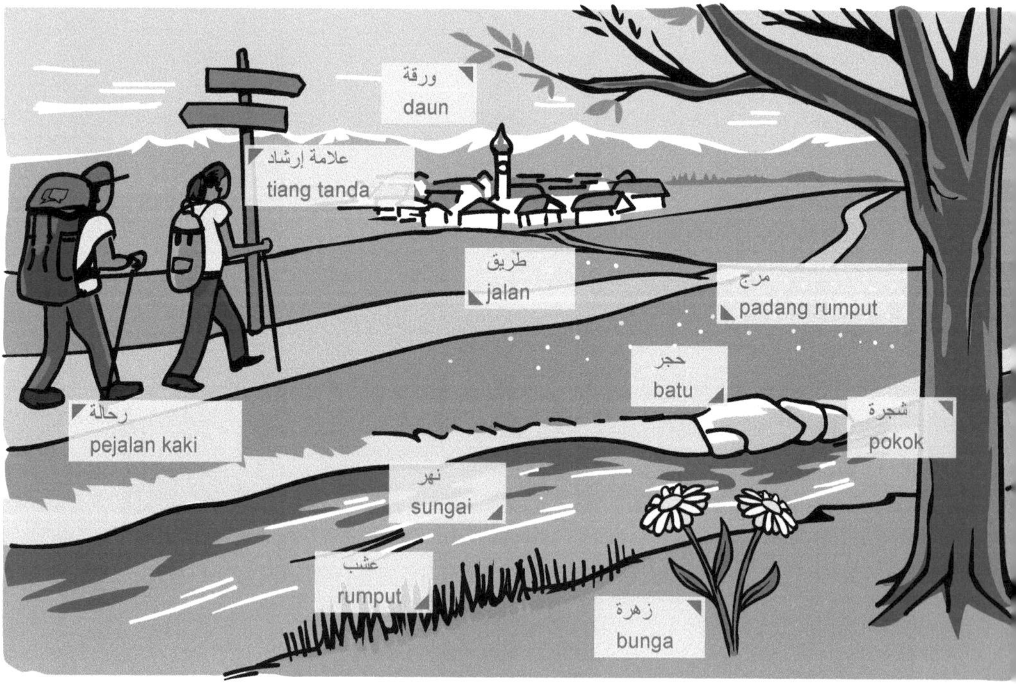
ورقة
daun
علامة إرشاد
tiang tanda
طريق
jalan
مرج
padang rumput
حجر
batu
رحالة
pejalan kaki
شجرة
pokok
نهر
sungai
عشب
rumput
زهرة
bunga

وادٍ
....
lembah

جبل
....
bukit

بحيرة
....
tasik

غابة
....
hutan

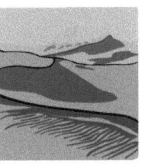

صحراء
....
padang pasir

بركان
....
gunung berapi

قلعة
....
istana

قوس قزح
....
pelangi

فطر
....
cendawan

نخلة
....
pokok kelapa sawit

بعوض
....
nyamuk

ذبابة
....
terbang

نملة
....
semut

نحلة
....
lebah

عنكبوت
....
labah-labah

خَنْفساء

kumbang

ضفدعة

katak

سنجاب

tupai

قَنْفذ

landak

أرنب

arnab

بومة

burung hantu

عصفور

burung

بجعة

angsa

خنزير برّي

babi jantan

غزال

rusa

إلكة

moose

سد

empangan

دولاب الطاحونة الهوائية

turbin angin

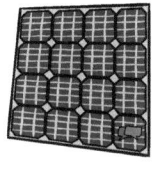

خلية شمسية

panel solar

مناخ

iklim

مطعم

restoran

نادل
pelayan
لائحة الطعام
menu
كرسي
kerusi
حساء
sup
بيتزا
piza
أدوات المائدة
kutleri
غطاء المائدة
alas meja

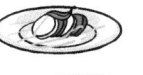

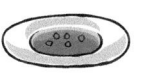

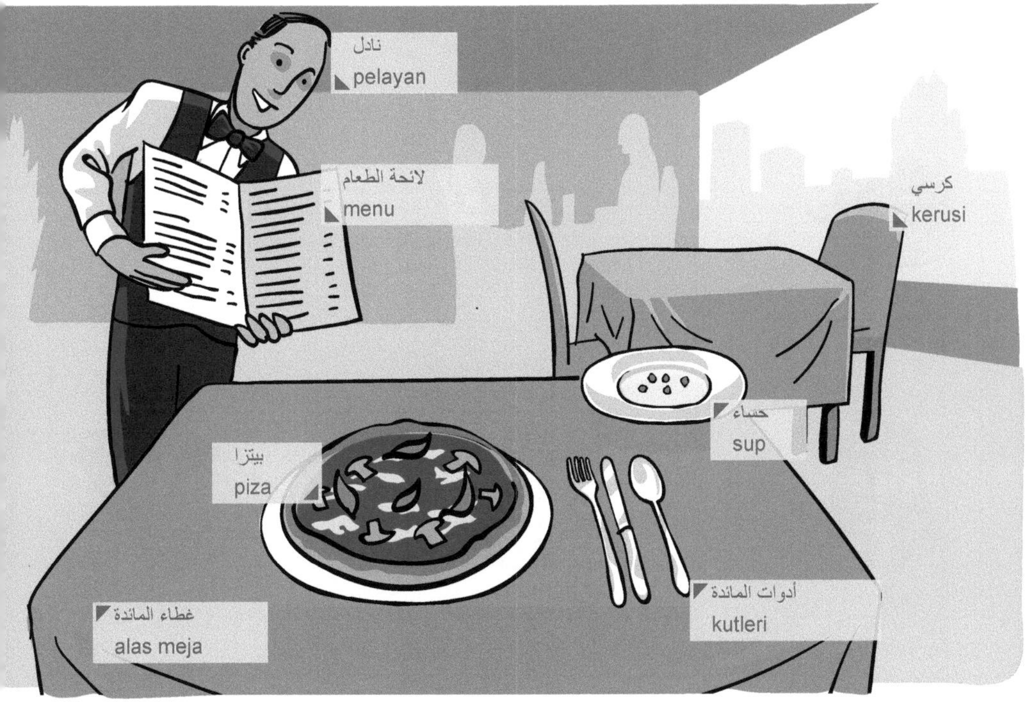

مقبلات
....
pemula

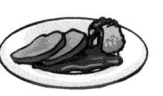

الصحن الرئيسي
....
hidangan utama

حلوى أو فاكهة بعد الطعام
....
pencuci mulut

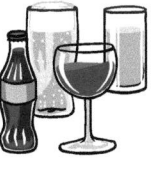

مشروبات
....
minuman

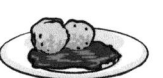

طعام
....
makanan

زجاجة
....
botol

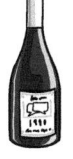

وجبات سريعة

makanan segera

طعام الشارع

makanan jalanan

إبريق الشاي

teko

علبة السكر

mangkuk gula

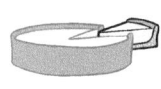

حصّة

bahagian

آلة الإسبريسو

mesin espreso

كرسي عالٍ

kerusi tinggi

فاتورة

bil

صينية

dulang

سكين

pisau

شوكة

garfu

ملعقة

sudu

ملعقة الشاي

sudu teh

منديل المائدة

serviette

كأس

gelas

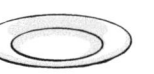

صحن
....
pinggan

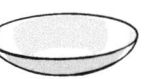

صحن الحساء
....
mangkuk sup

صحن الفنجان
....
piring

صلصة
....
sos

مملحة
....
tempat garam

مطحنة الفلفل
....
pengisar lada

خلّ
....
cuka

زيت الطعام
....
minyak

توابل
....
rempah

كتشاب
....
sos

خردل
....
mustard

مايونيز
....
mayones

سوبرماركت

pasar raya

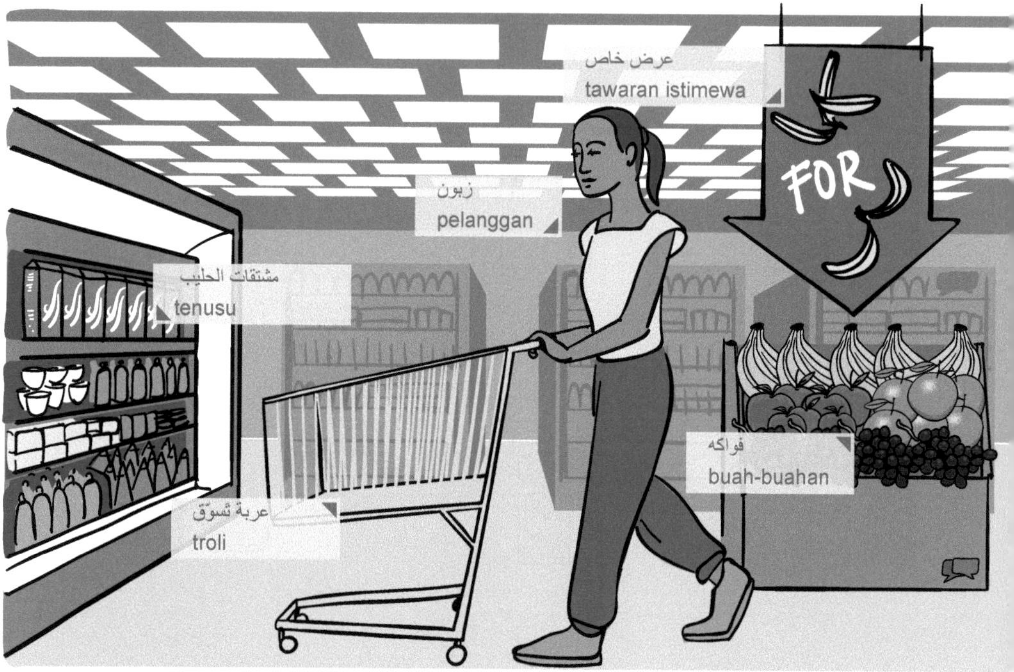

عرض خاص
tawaran istimewa
FOR
زبون
pelanggan
مشتقات الحليب
tenusu
فواكه
buah-buahan
عربة تسوّق
troli

BUTCHERS

جزّار

tukang daging

BAKERY

مخبز

kedai roti

يزن

berat

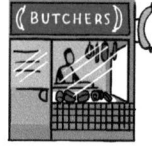

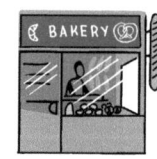

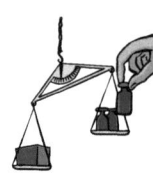

خضار

sayur-sayuran

لحم

daging

المأكولات المجمّدة

makanan sejuk beku

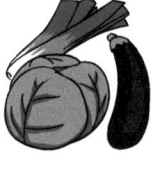

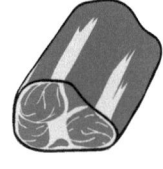

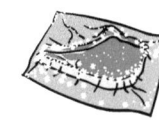

مرتدلا أو جبن

daging sejuk

معلّبات

makanan dalam tin

مسحوق الغسيل

serbuk pencuci

حلويات

gula-gula

المواد المنزلية

produk isi rumah

منظّفات

produk pembersihan

بائعة

orang jualan

صندوق الحساب

daftar tunai

أمين صندوق

juruwang

قائمة المشتريات

senarai membeli-belah

أوقات العمل

waktu pembukaan

محفظة النقود

beg duit

بطاقة انتمان

kad kredit

حقيبة

beg

كيس بلاستيكي

beg plastik

ماء

air

عصير

jus

حليب

susu

كولا

kola

نبيذ

wain

بيرة

bir

كحول

alkohol

كاكاو

koko

شاي

the

قهوة

kopi

قهوة إسبريسو

espreso

كابوتشينو

kapucino

موزة

pisang

تفاح

epal

برتقال

oren

بطيخ

tembikai

ليمون

lemon

جزرة

lobak merah

ثوم

bawang putih

خيزران

buluh

بصل

bawang

فطر

cendawan

لوزيات

kacang

شعيرية

mi

سباغيتي

spageti

أرزّ

nasi

سلطة

salad

بطاطا مقلية

kerepek

بطاطا مقلية

kentang goreng

بيتزا

piza

هامبورغر

hamburger

ساندويش

sandwic

شريحة لحم مقلية

kutlet

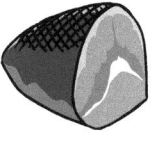

لحم خنزير

ham

سلامي

salami

سجق

sosej

دجاج

ayam

لحم محمر

panggang

سمك

ikan

دقيق الشوفان

bubur oat

موسلي

muesli

كورن فلكس

emping jagung

طحين

tepung

كرواسان

kroisan

خبز صغير

roti roll

خبز

roti

خبز محمص

roti bakar

بسكويت

biskut

زبدة

mentega

لبن زبادي

dadih

كعكة

kek

بيضة

telur

بيض مقلي

telur goreng

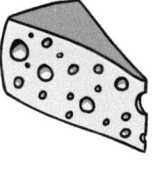

جبنة

keju

مثلجات

ais krim

سكر

gula

عسل

madu

مربّى الفاكهة

jem

كريم النوغا

krim nougat

الكاري

kari

مزرعة

ladang

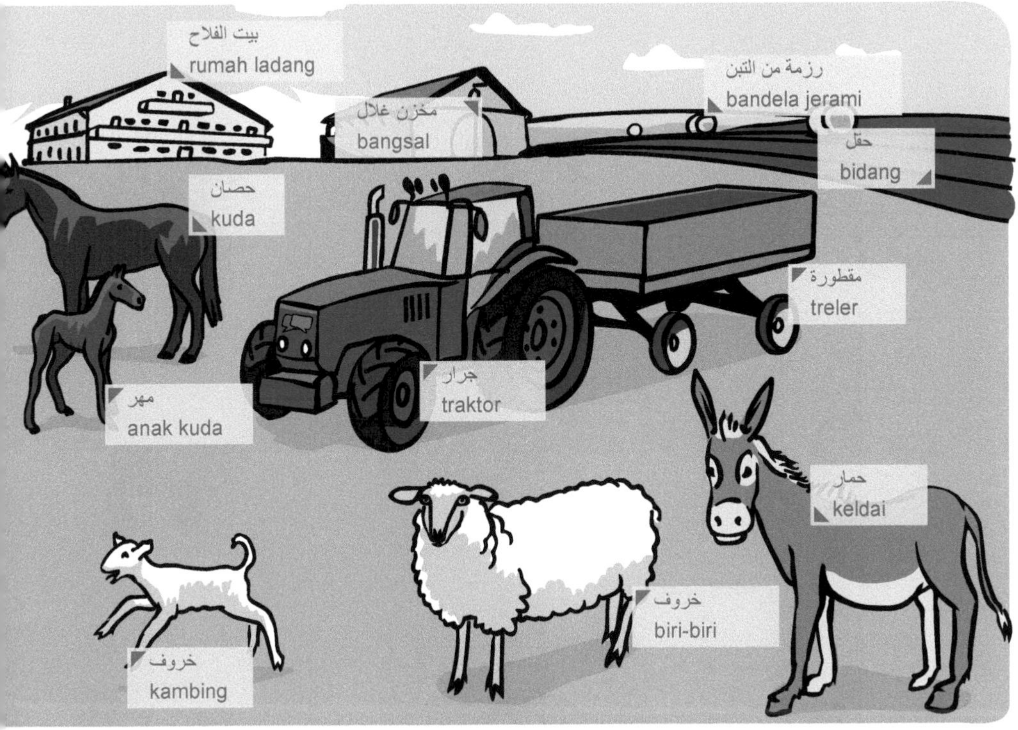
بيت الفلاح
rumah ladang
مخزن غلال
bangsal
رزمة من التبن
bandela jerami
حقل
bidang
حصان
kuda
مقطورة
treler
جرار
traktor
مهر
anak kuda
حمار
keldai
خروف
biri-biri
خروف
kambing

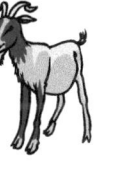

ماعز
kambing

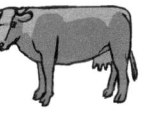

بقرة
lembu

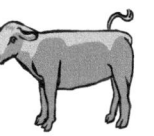

عجل
anak lembu

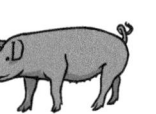

خنزير
babi

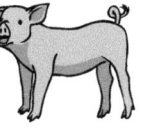

خنزير صغير
anak babi

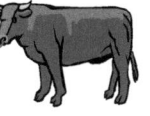

ثور
lembu

إوزّة

angsa

بطّة

itik

صوص

anak ayam

دجاجة

ayam betina

ديك

ayam jantan muda

جرذ

tikus

قطّة

kucing

فأر

tikus

ثور

lembu jantan

كلب

anjing

كوخ الكلب

rumah anjing

خرطوم الحديقة

hos taman

إبريق

bekas siraman

منجل

sabit

المحراث

bajak

منجل

sabit

معزقة

cangkul

مذراة الزبل

serampang peladang

بلطة

kapak

عربة يد

kereta sorong

معلف

palung

صفيحة الحليب

tin susu

كيس

karung

سياج

pagar

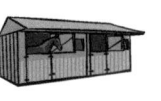

اصطبل

stabil

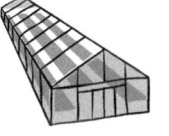

دفينة

rumah hijau

تربة

tanah

بذور

benih

سماد

baja

حصّادة درّاسة

jentuai

يحصد

tuai

محصول

menuai

بطاطا يامس

keladi

قمح

gandum

صويا

soya

بطاطا

kentang

ذرة

jagung

سلجم

biji sawi

شجرة فاكهة

pokok buah-buahan

نبات منيهوت

ubi kayu

الحبوب

bijirin

بيت

rumah

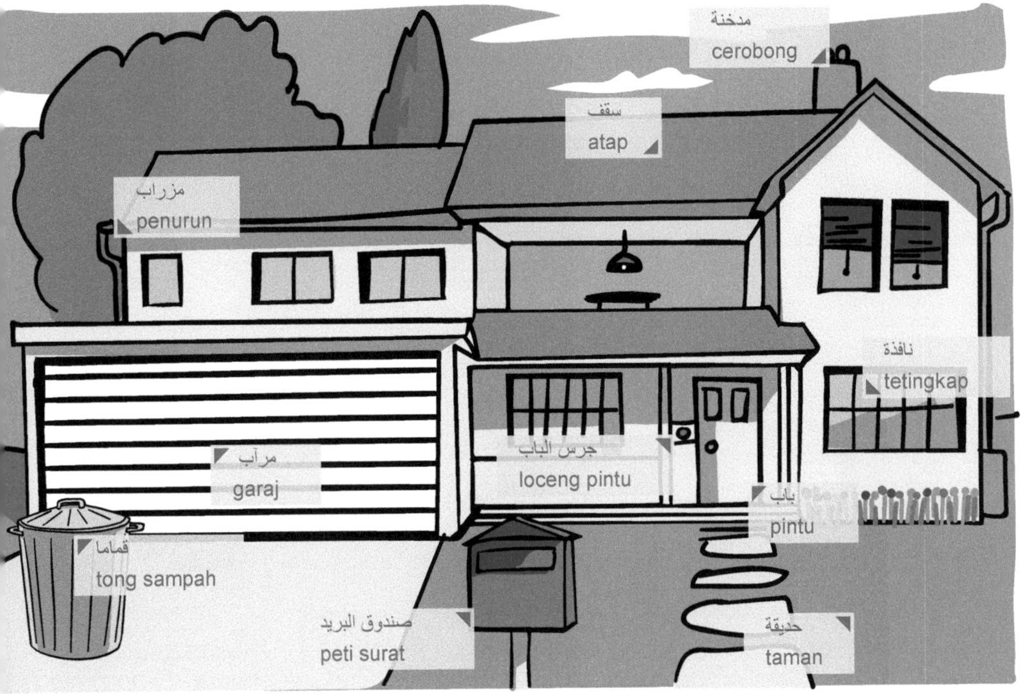

مدخنة
cerobong
سقف
atap
مزراب
penurun
نافذة
tetingkap
جرس الباب
loceng pintu
مرآب
garaj
باب
pintu
قماما
tong sampah
صندوق البريد
peti surat
حديقة
taman

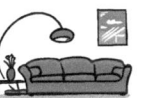

غرفة جلوس

ruang tamu

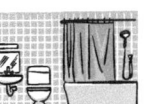

الحمّام

bilik air

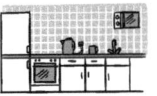

مطبخ

dapur

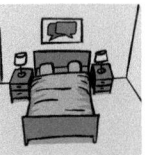

غرفة النوم

bilik tidur

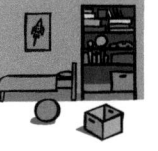

غرفة الأطفال

bilik kanak-kanak

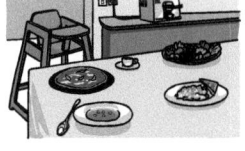

غرفة الطعام

ruang makan

أرضية

lantai

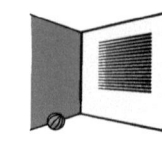

حائط

dinding

سقف

siling

قبو

bilik bawah tanah

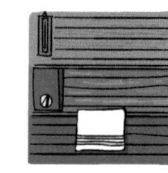

ساونا

sauna

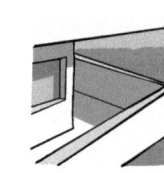

بلكون

balkoni

شرفة

teres

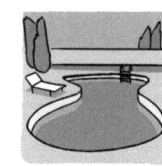

مسبح

kolam renang

جزّازة العشب

pemotong rumput

بياضات السرير

lembaran

بطانية

penutup tilam

سرير

katil

مكنسة

penyapu

سطل

timba

مفتاح كهربائي

suis

غرفة جلوس
ruang tamu

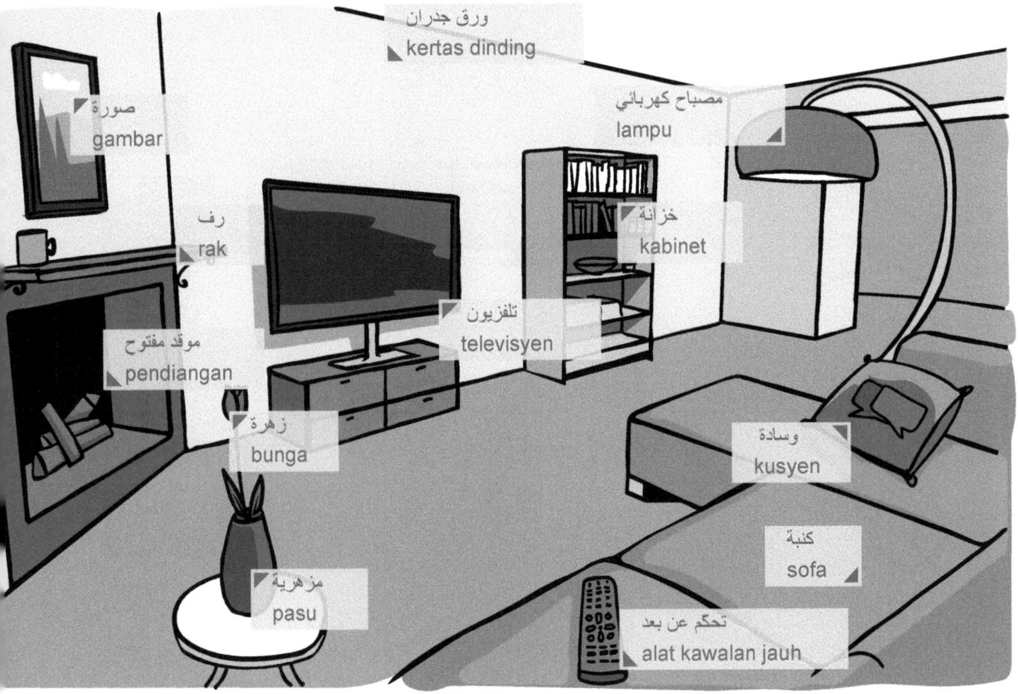
ورق جدران
kertas dinding
صورة
gambar
مصباح كهربائي
lampu
خزانة
kabinet
رف
rak
تلفزيون
televisyen
موقد مفتوح
pendiangan
زهرة
bunga
وسادة
kusyen
كنبة
sofa
مزهرية
pasu
تحكم عن بعد
alat kawalan jauh

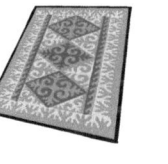

بساط

permaidani

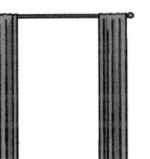

ستارة

tirai

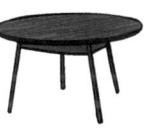

طاولة

meja

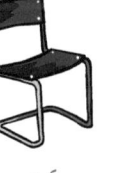

كرسي

kerusi

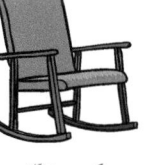

كرسي هزّاز

kerusi malas

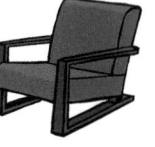

كرسي ذو ذراعين

kerusi

الكِتاب

buku

بطانية

selimut

زخرفة

hiasan

الحطب

kayu api

فيلم

filem

تجهيزات ستيريو

hi-fi

مفتاح

kunci

جريدة

akhbar

لوحة مرسومة

lukisan

مُلصق

poster

راديو

radio

دفتر ملاحظات

buku catatan

المكنسة الكهربائية

penyedut habuk

صبّار

kaktus

شمعة

lilin

مطبخ
dapur

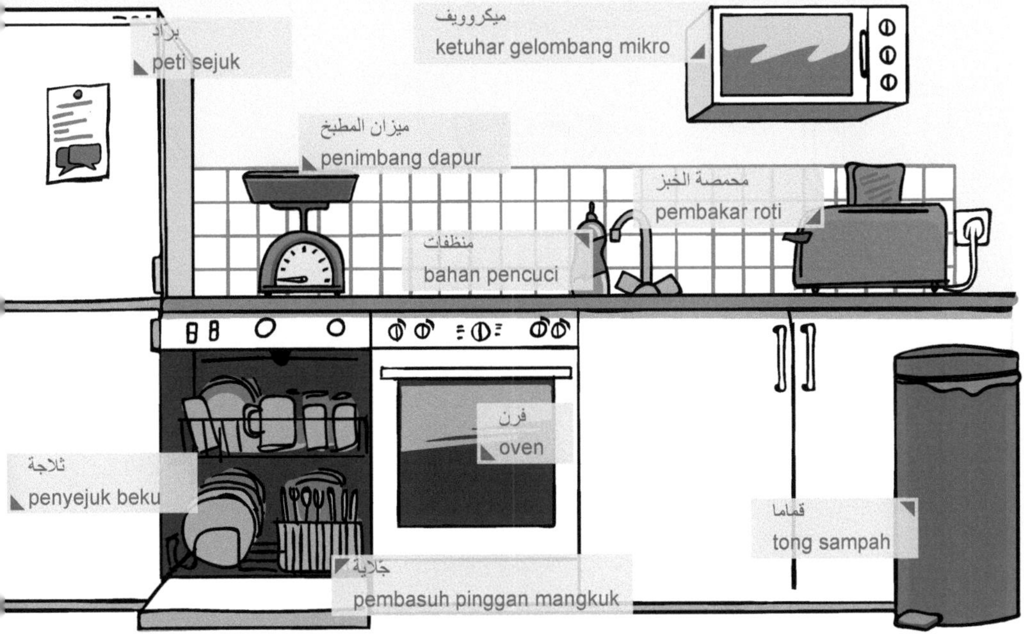

برّاد
peti sejuk
ميكروويف
ketuhar gelombang mikro
ميزان المطبخ
penimbang dapur
محمصة الخبز
pembakar roti
منظفات
bahan pencuci
فرن
oven
ثلاجة
penyejuk beku
قمامة
tong sampah
جلاية
pembasuh pinggan mangkuk

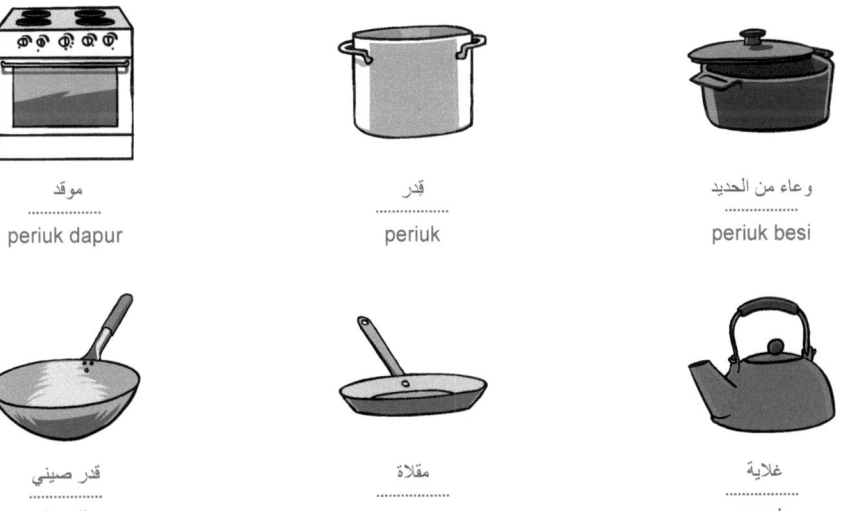

موقد

periuk dapur

قِدر

periuk

وعاء من الحديد

periuk besi

قدر صيني

kuali

مقلاة

pan

غلاية

cerek

قدر البخار

pengukus

صينية

dulang pembakar

أواني

pinggan mangkuk

فنجان

koleh

صحن

mangkuk

عيدان الأكل

penyepit

مغرفة

senduk

ملعقة منبسطة

spatula

خفاقة

pengadun

مصفاة

penapis

مصفاة

ayak

مبشرة

pemarut

هاون

mortar

شواء

barbeku

موقد

pembakaran terbuka

لوح التقطيع

papan pencincang

نشابة

pin golekan

مفتاح الزجاجات

skru gabus

علبة

tin

مفتاح العلب المعدنية

pembuka tin

قماش الفرن

pemegang periuk

مجلى

sinki

فرشاة

berus

إسفنج

span

خلاط

pengisar

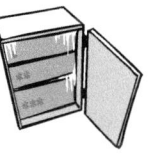

مجمّدة

penyejuk beku

زجاجة الطفل

botol bayi

صنبور الماء

paip

الحمّام

bilik air

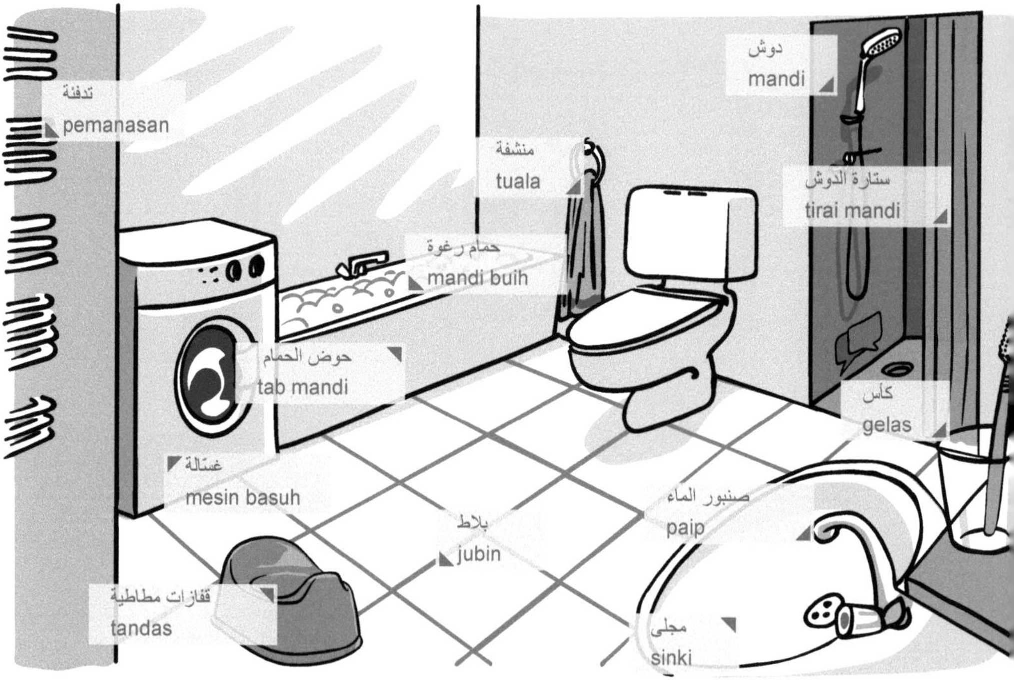

تدفئة
pemanasan

دوش
mandi

منشفة
tuala

ستارة الدوش
tirai mandi

حمام رغوة
mandi buih

حوض الحمام
tab mandi

كأس
gelas

غسّالة
mesin basuh

بلاط
jubin

صنبور الماء
paip

قفازات مطاطية
tandas

مجلى
sinki

حمام
tandas

مرحاض القرفصاء
tandas mencangkung

حوض التشطيف
mangkuk tandas

مبولة
tandas awam

ورق المرحاض
kertas tandas

فرشاة الحمام
berus tandas

فرشاة الأسنان

berus gigi

معجون الأسنان

ubat gigi

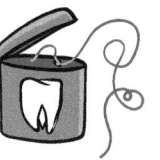

خيط حرير لتنظيف الأسنان

flos gigi

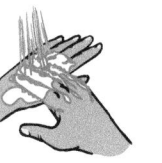

يغسل

cuci

رشاش ماء يدوي

mandian tangan

شطاف

pancuran

حوض الغسيل

besen

فرشاة الظهر

belakang berus

صابون

sabun

جيل الدوش

gel mandian

شامبو

syampu

ممسحة

flanel

مصرف للماء

longkang

مرهم

krim

مزيل الروائح

deodoran

مرآة
....
cermin

مرآة يد
....
cermin tangan

موس حلاقة
....
pisau cukur

رغوة الحلاقة
....
busa cukur

كولونيا
....
selepas cukur

مشط
....
sikat

فرشاة
....
berus

سشوار
....
pengering rambut

مثبت للشعر
....
semburan rambut

ماكياج
....
mekap

روج
....
gincu

طلاء أظافر
....
varnis kuku

قطن
....
bulu kapas

مقص أظافر
....
gunting kuku

عطر
....
pewangi

سلّة الغسيل

beg basuhan

مقعد صغير

bangku

ميزان

skala berat

معطف الحمام

jubah mandi

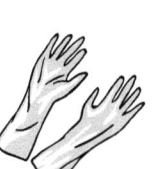

قفازات مطاطية

sarung tangan getah

سدادة قطنية

kapas

منشفة صحية

tuala wanita

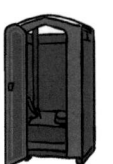

تواليت كيميائية

tandas kimia

غرفة الأطفال

bilik kanak-kanak

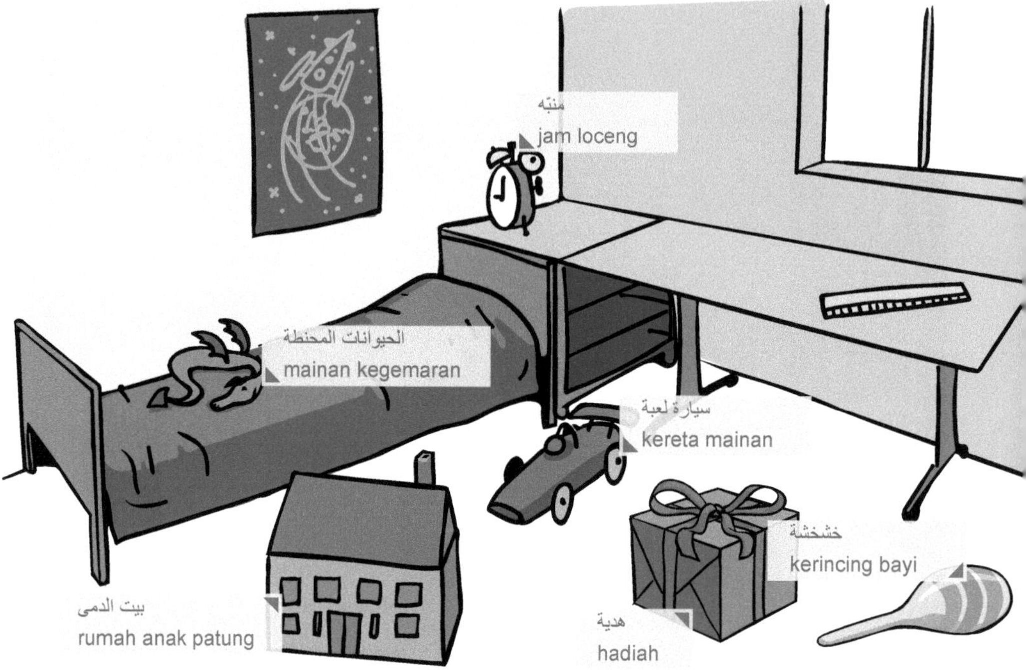
منبّه
jam loceng
الحيوانات المحنطة
mainan kegemaran
سيارة لعبة
kereta mainan
خشخشة
kerincing bayi
بيت الدمى
rumah anak patung
هدية
hadiah

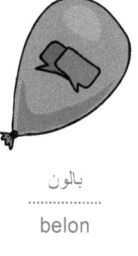

بالون

belon

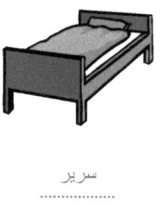

سرير

katil

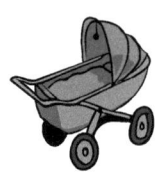

عربة الأطفال

kereta sorong bayi

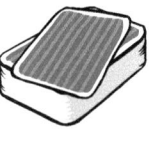

لعبة الورق

set kad

أحجية

susun suai gambar

SUPER
MEGA

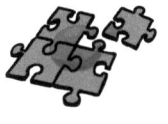

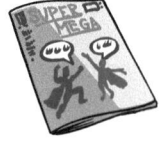

رسوم هزلية

komik

أحجار الليغو

batu bata lego

حجارة تركيب

blok mainan

دمية بطل

figura aksi

لباس الطفل

baju bayi

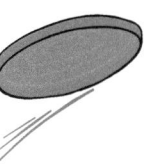

فريسبي

frisbee

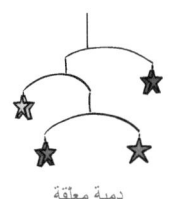

دمية معلقة

mainan bayi mudah alih

لعبة الطاولة

permainan papan

لعبة النرد

dadu

لعبة قطار

set model kereta api

مصّاصة

palsu

حفلة

parti

كتاب مصوّر

buku bergambar

كرة

bola

دمية

anak patung

يلعب

main

ملعب رملي للأطفال

lubang pasir

أرجوحة

buai

لعبة

mainan

ألعاب فيديو

konsol permainan video

دراجة ثلاثية

basikal roda tiga

دمية على شكل الدب

anak patung beruang

خزانة الثياب

almari pakaian

ثياب

pakaian

جوارب قصيرة

stoking

جوارب طويلة

stoking

جورب بنطلون

ketat

شال
skarf

شمسية
payung

تي شيرت
kemeja-t

eselamatan

حذاء شتوي
but

شبشب
selipar

أحذية رياضية
kasut sukan

صندل
sandal

حذاء
kasut

جزمة كاوتشوك
but getah

سروال داخلي
seluar dalam

صدّارة
coli

قميص داخلي
ves

لباس ملاصق للجسم

badan

بنطلون

Seluar panjang

جينز

jean

تنورة

skirt

بلوزة

blaus

قميص

kemeja

سترة قطنية

baju panas sarung

كنزة كم طويل

sweater

سترة فضفاضة

blazer

سترة

jaket

معطف

kot

معطف مطري

baju hujan

زي - طقم نسائي

kostum

ثوب

pakaian

ثوب الزفاف

baju pengantin

طقم

sut

قميص نوم

baju tidur

بيجاما

baju tidur

ساري

sari

حجاب

skarf kepala

عمامة

serban

برقع

burqa

قفطان

kaftan

عباءة

abaya/jubah

مايوه

baju renang

سروال سباحة

seluar renang

شرت

seluar pendek

بدلة رياضية

sut balapan

مئزر

apron

قفازات

sarung tangan

زر

butang

نظّارة

cermin mata

إسوارة

gelang tangan

عقد

rantai leher

خاتم

cincin

قرط

subang

طاقيّة

topi

علاقة ثياب

penyangkut kot

قبّعة

topi

ربطة العنق

tali leher

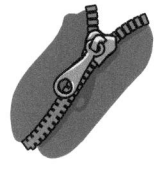

سحّاب

zip

خوذة

topi keledar

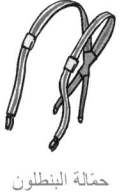

حمّالة البنطلون

pendakap

اللباس المدرسي

uniform sekolah

زيّ موحّد

seragam

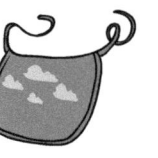

مريلة الأطفال

lapik dada

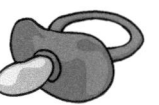

مصّاصة

palsu

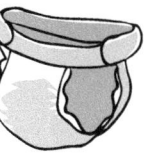

لفافة

lampin

مكتب

pejabat

المخدّم
pelayan
خزانة الملفات
kabinet fail
طابعة
mesin pencetak
شاشة
monitor
ورقة
kertas
فارة
tetikus
طاولة المكتب
meja
ملف
folder
لوحة المفاتيح
papan kekunci
كرسي
kerusi
قماما
bakul sampah
حاسوب
komputer

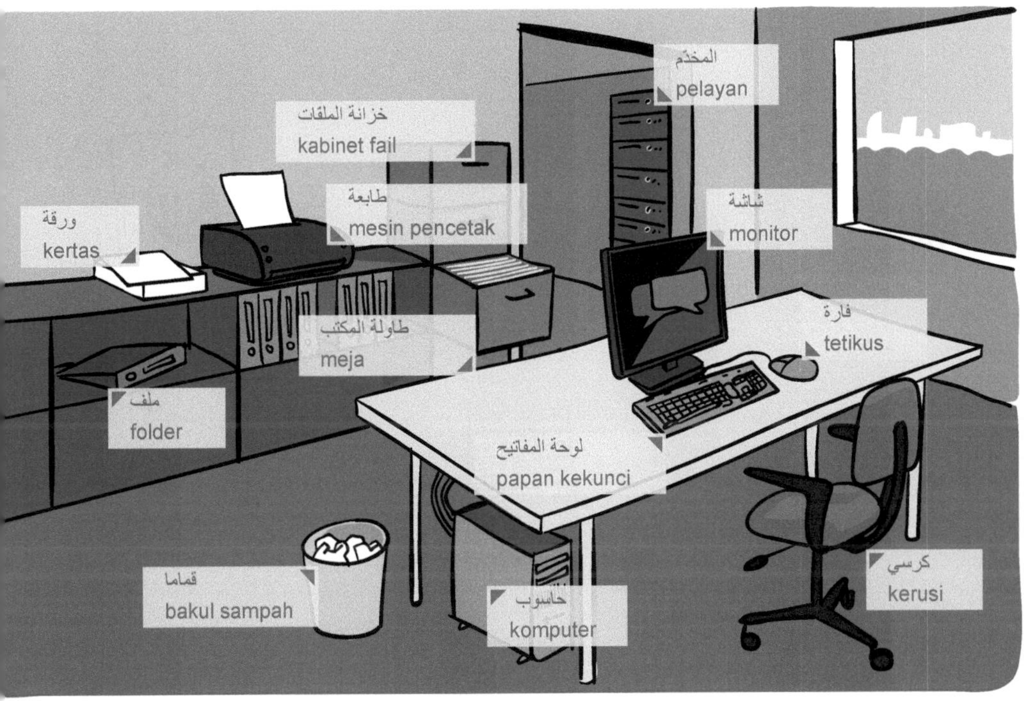

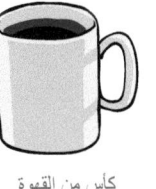

كأس من القهوة

cawan kopi

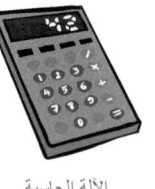

الآلة الحاسبة

kalkulator

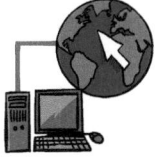

الإنترنت

internet

الحاسوب المحمول

komputer riba

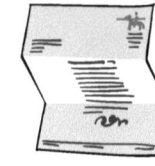

رسالة

surat

خبر

mesej

الهاتف المحمول

mudah alih

شبكة

rangkaian

جهاز تصوير

mesin fotokopi

البرمجيات

perisian

هاتف

telefon

مقبس كهربائي

soket plag

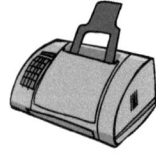

فاكس

mesin faks

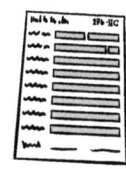

استمارة

bentuk

وثيقة

dokumen

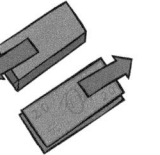

يشتري

beli

يدفع

bayar

يتاجر

berdagang

مال

wang

دولار

dolar

يورو

euro

ين

yen

روبل

rubel

فرنك سويسري

franc swiss

يوان

renminbi yuan

روبية

rupee

صرّاف آلي

mata tunai

مكتب صرافة

pejabat tukaran mata wang

ذهب

emas

فضة

perak

نفط

minyak

طاقة

tenaga

سعر

harga

عقد

kontrak

ضريبة

cukai

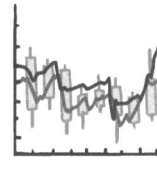

سهم

stok

يعمل

kerja

موظف

pekerja

رب العمل

majikan

مصنع

kilang

متجر

kedai

المِهَن

pekerjaan

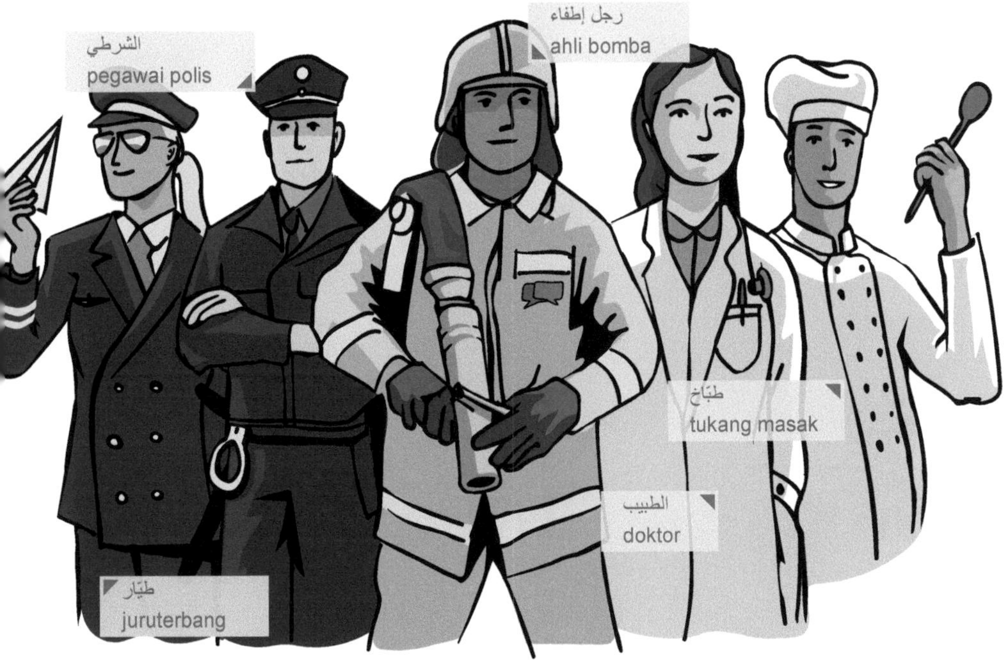

الشرطي
pegawai polis
رجل إطفاء
ahli bomba
طبّاخ
tukang masak
الطبيب
doktor
طيّار
juruterbang

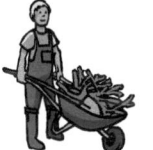

بستاني

tukang kebun

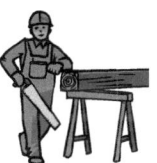

نجّار

tukang kayu

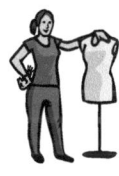

خيّاطة

tukang jahit

قاض

hakim

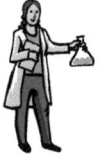

كيميائي

ahli kimia

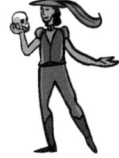

ممثّل

pelakon

سائق حافلة

pemandu bas

سائق تاكسي

pemandu teksi

صياد سمك

nelayan

أجيرة للتنظيف

wanita pencuci

بنّاء سقف

kasau

نادل

pelayan

صيّاد

pemburu

رسّام

pelukis

خبّاز

bakeri

كهربائي

juruelektrik

عامل بناء

pembangun

مهندس

jurutera

لحّام

penjual daging

سمكري

tukang paip

ساعي البريد

posmen

جندي

askar

مهندس معماري

arkitek

أمين صندوق

juruwang

بائع الزهور

kedai bunga

حلاق

pendandan rambut

مراقب القطار

konduktor

ميكانيكي

mekanik

قبطان

kapten

طبيب أسنان

doktor gigi

رجل العلم

ahli sains

حاخام

tuhanku

إمام

imam

راهب

sami

كاهن

paderi

عدة عمل

alat

مطرقة
tukul
كمّاشة
playar
مفك البراغي
pemutar skru
مفتاح ربط
sepana
مصباح يد
obor

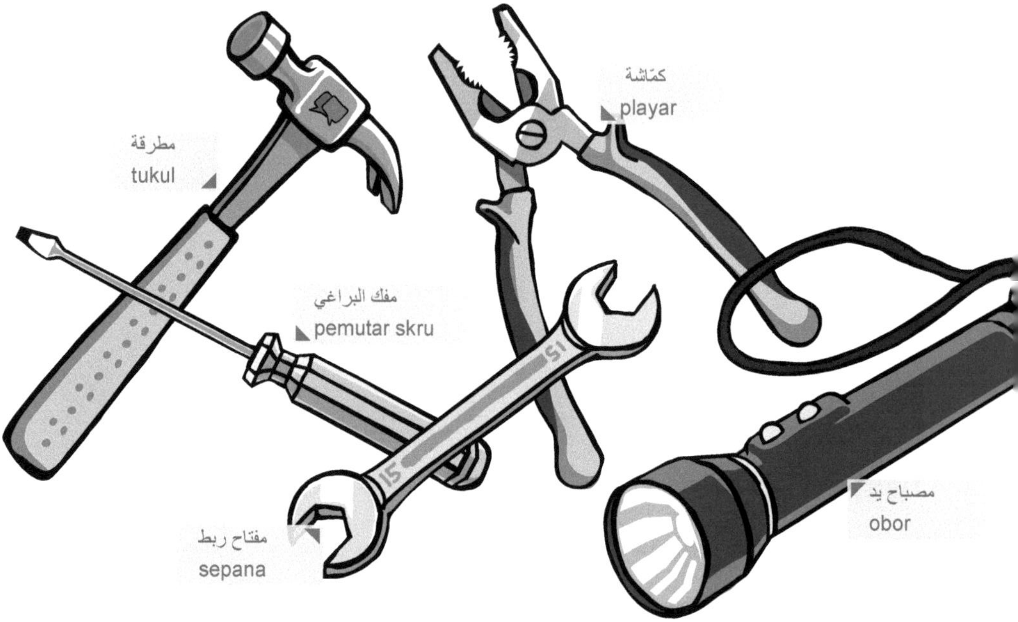

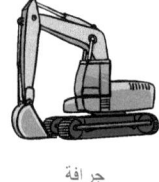

جرافة

pengorek

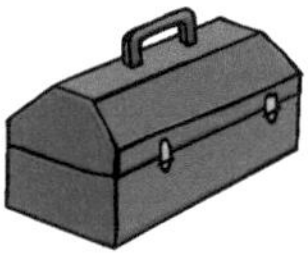

صندوق العدة

kotak peralatan

سلّم

tangga

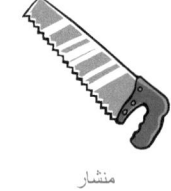

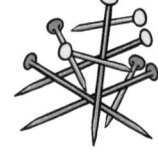

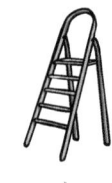

منشار

gergaji

مسامير

kuku

مثقب

gerudi

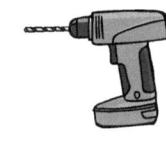

يصلح
baiki

مجرفة
penyodok

اللعنة
Celaka!

لقاطة الكناسة
penadah sampah

سطل الألوان
periuk cat

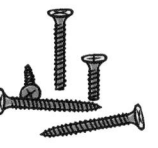

براغي
skru

آلات موسيقية
alat muzik

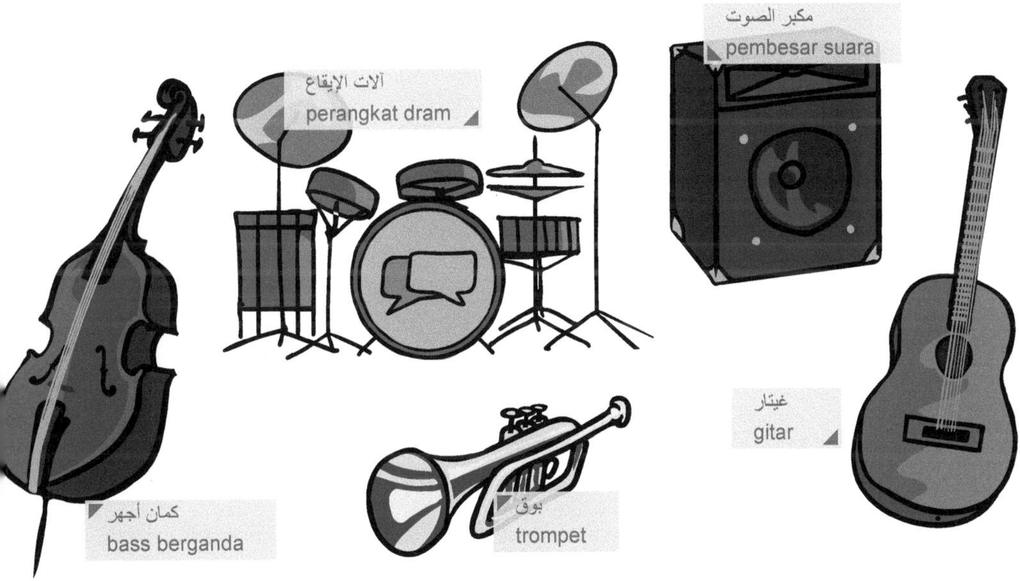

آلات الإيقاع
perangkat dram

مكبر الصوت
pembesar suara

كمان أجهر
bass berganda

بوق
trompet

غيتار
gitar

بيانو

piano

كمنجة

biola

جهير

bass

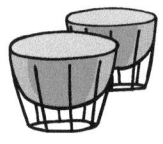

طبل كبير

timpani

طبل

dram

بيانو كهرباني

papan kekunci

ساكسوفون

saksofon

ناي

seruling

ميكروفون

mikrofon

حديقة حيوانات

ZOO

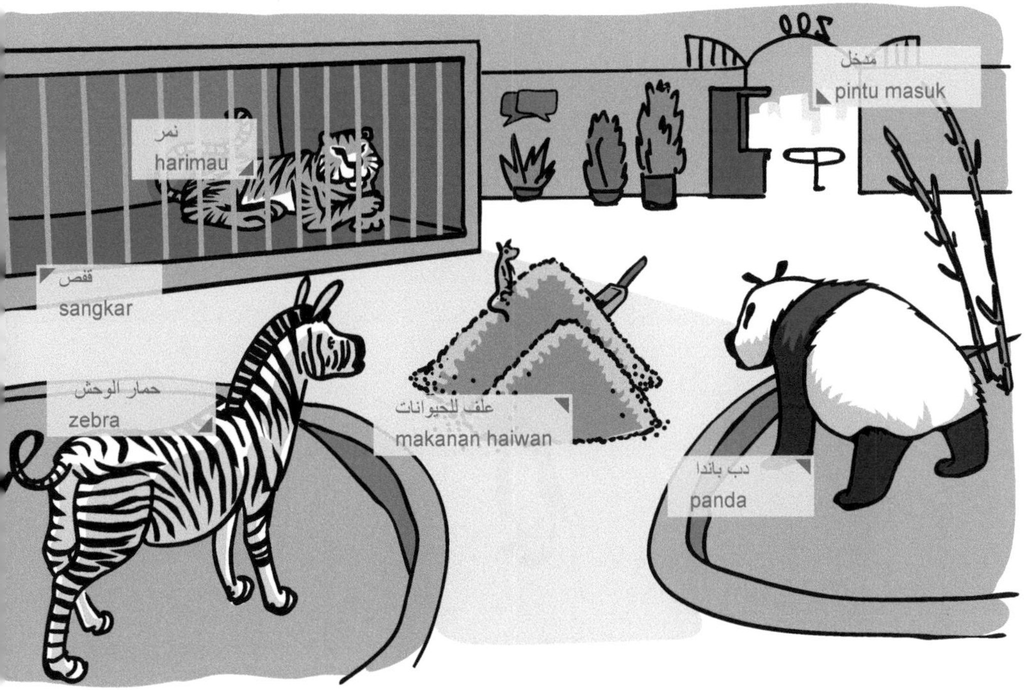

نمر
harimau
مدخل
pintu masuk
قفص
sangkar
حمار الوحش
zebra
علف للحيوانات
makanan haiwan
دب باندا
panda

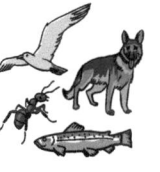

حيوانات
haiwan

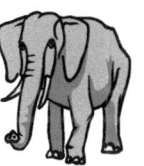

فيل
gajah

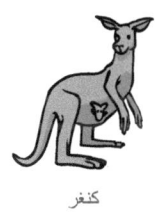

كنغر
kanggaru

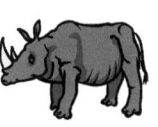

وحيد القرن
badak sumbu

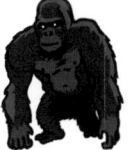

غوريلا
gorila

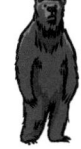

دب
beruang

جمل

unta

نعامة

burung unta

أسد

singa

قرد

monyet

طائر فلامينغو

flamingo

بيغاء

nuri

دب قطبي

beruang kutub

بطريق

penguin

سمك القرش

yu

طاووس

merak

أفعى

ular

تمساح

buaya

حارس في حديقة الحيوان

penjaga zoo

عجل البحر

anjing laut

نمر أمريكي مرقط

jaguar

فرس قزم

kuda

نمر

harimau

فرس النهر

badak air

زرافة

zirafah

نسر

helang

خنزير برّي

babi jantan

سمك

ikan

سلحفاة

penyu

حيوان فظ البحري

anjing laut

ثعلب

musang

غزال

rusa

كرة القدم الأمريكية
bola sepak Amerika

ركوب الدراجات
berbasikal

كرة التنس
tenis

كرة السلة
bola keranjang

السباحة
renang

الملاكمة
tinju

هوكي الجليد
hoki ais

كرة القدم
bola sepak

الريشة الطائرة
badminton

ألعاب القوى الخفيفة
olahraga

كرة اليد
bola baling

التزلج على الثلج
ski

بولو
polo

يقفز
lompat

يضحك
ketawa

يعانق
peluk

يمشي
berjalan

يغنّي
menyanyi

يحلم
mimpi

يصلّي
berdoa

يقبّل
cium

يكتب
....
tulis

يرسم
....
lukis

يُري
....
tunjuk

يدفع
....
tolak

يعطي
....
beri

يأخذ
....
ambil

يملك

ada

يعمل

buat

يوجد

ialah

يَقِف

berdiri

يركض

lari

يسحب

tarik

يرمي

buang

يقع

jatuh

يستلقي

tipu

ينتظر

tunggu

يحمل

bawa

يجلس

duduk

يلبس

pakai

ينام

tidur

يستيقظ

bangkit

ينظر إلى ..

lihat pada

يبكّي

menangis

يمسّد

strok

يمشّط

sikat

يتكلم

cakap

يفهم

faham

يسأل

tanya

يسمع

dengar

يشرب

minum

ياكل

makan

يرتّب

mengemas

يحب

sayang

يطبخ

masak

يقود

pandu

يطيّر

terbang

يبحر بزورق شراعي

belayar

يحسب

kira

يقرأ

baca

يتعلّم

belajar

يعمل

kerja

يتزوّج

nikah

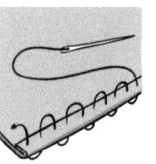

يخيط

jahit

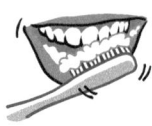

ينظف أسنانه

memberus gigi

يقتل

bunuh

يدخّن

asap

يرسل

hantar

عائلة

keluarga

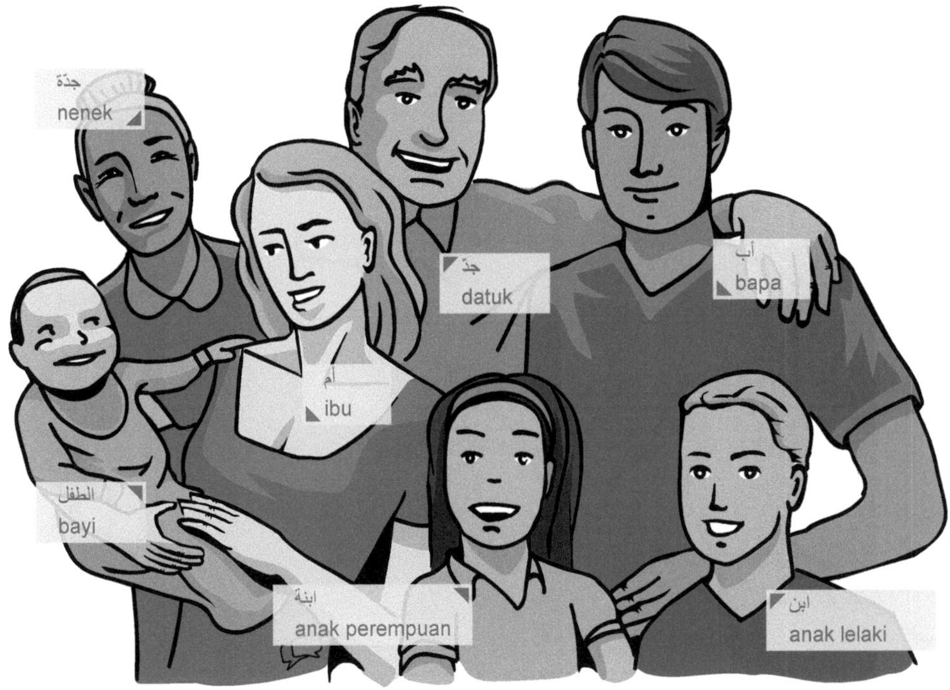

جدّة
nenek
جدّ
datuk
أب
bapa
أم
ibu
الطفل
bayi
ابنة
anak perempuan
ابن
anak lelaki

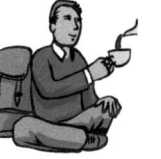

ضيف

tetamu

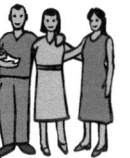

عمّة / خالة

mak cik

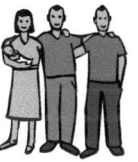

عمّ / خال

pak cik

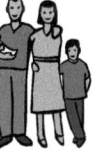

أخ

abang

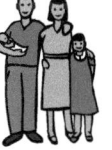

أخت

kakak

الجسم

badan

الجبين
dahi
العين
mata
الكتف
bahu
الإصبع
jari
الوجه
muka
الذقن
dagu
اليد
tangan
الساق
kaki
الصدر
dada
الذراع
lengan

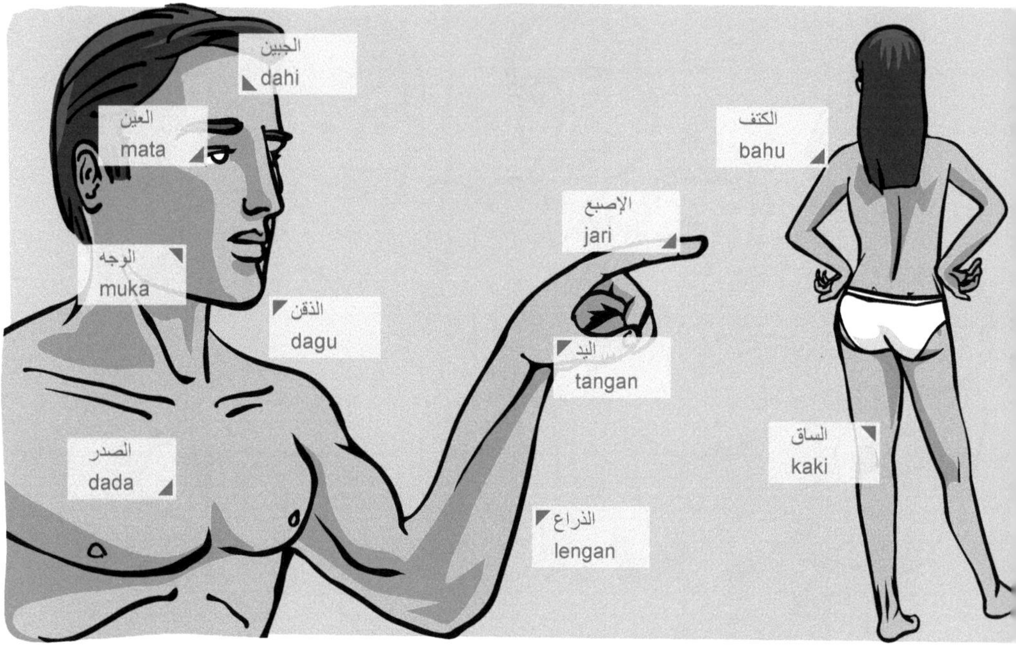

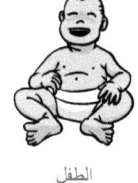

الطفل

bayi

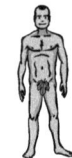

الرجل

lelaki

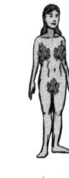

المرأة

wanita

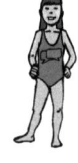

البنت

perempuan

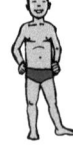

الولد

lelaki

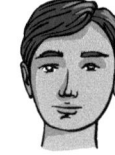

الرأس

kepala

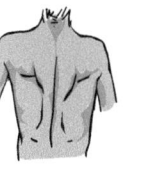

الظهر

belakang

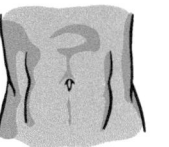

البطن

bawah perut

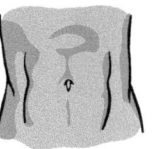

السرّة

pusat

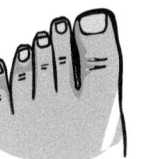

إصبع القدم

jari kaki

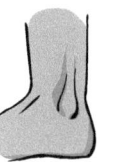

الكعب

tumit

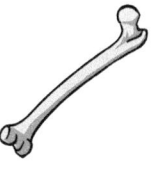

العظم

tulang

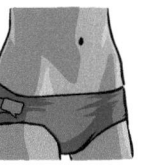

الورك

pinggul

الرّكبة

lutut

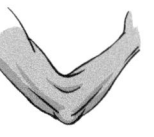

المِرفق

siku

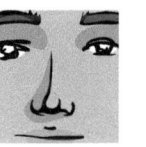

الأنف

hidung

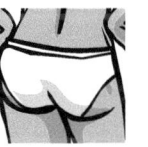

العَجُز

bawah

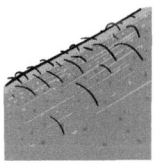

البَشرة

kulit

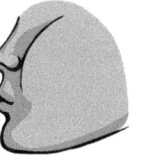

الخدّ

pipi

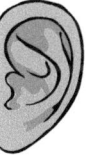

الأذن

telinga

الشفة

bibir

الفم

mulut

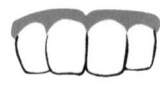

السن

gigi

اللسان

lidah

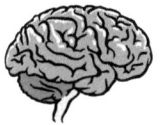

الدماغ

otak

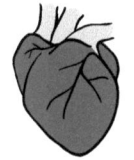

القلب

hati

العضلة

otot

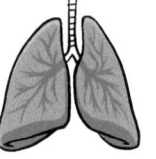

الرئة

paru-paru

الكبد

hati

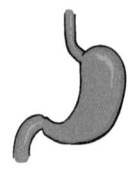

المعدة

perut

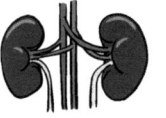

الكلى

buah pinggang

الاتصال الجنسي

seks

الواقي المطاطي

kondom

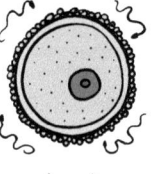

البويضة

faraj

المنيّ

mani

الحمل

mengandung

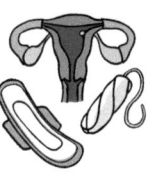

الحيض

haid

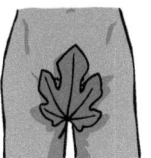

المهبل

faraj

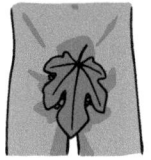

القضيب

penis

الحاجب

kening

الشعر

rambut

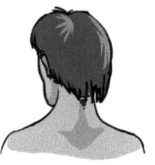

الرقبة

leher

المستشفى

hospital

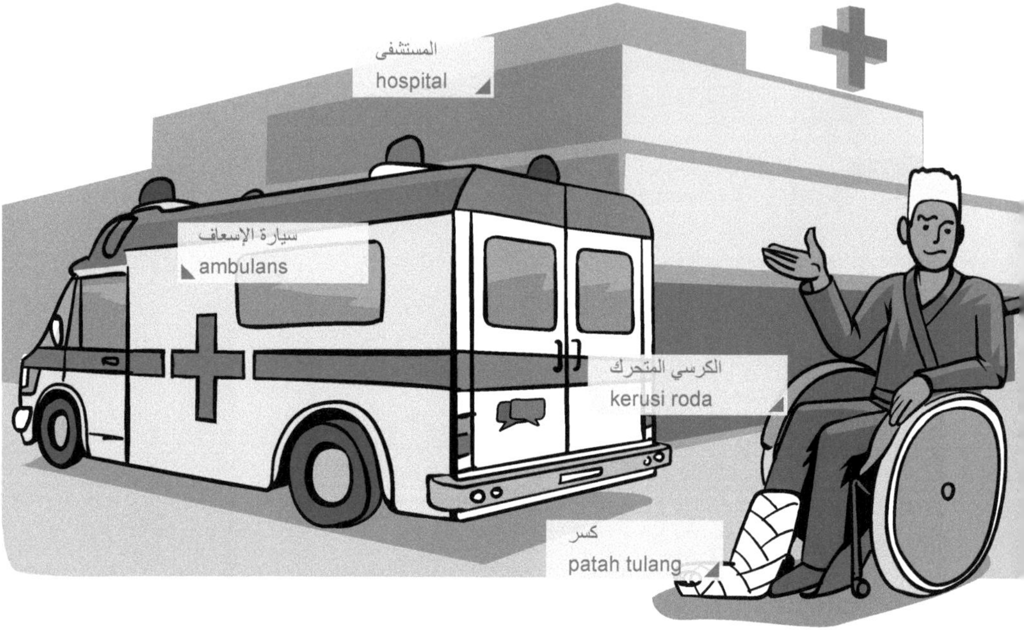

المستشفى
hospital
سيارة الإسعاف
ambulans
الكرسي المتحرك
kerusi roda
كسر
patah tulang

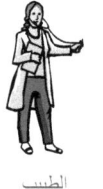

الطبيب
doktor

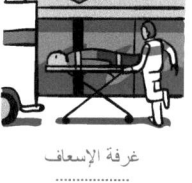

غرفة الإسعاف
bilik kecemasan

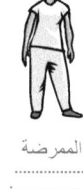

الممرضة
jururawat

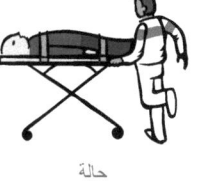

حالة
kecemasan

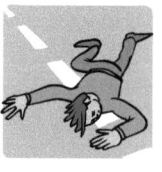

مغمى عليه
tak sedar

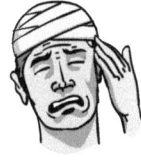

الألم
sakit

إصابة

kecederaan

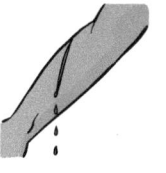

النزيف

pendarahan

احتشاء القلب

serangan jantung

جلطة

strok

حسسية

alergi

السعال

batuk

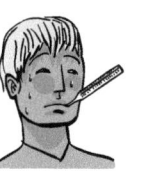

الحُمّى

demam

إنفلونزا

selesema

الإسهال

cirit-birit

وجع الرأس

sakit kepala

السرطان

kanser

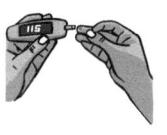

مرض السكر

diabetes

جرّاح

pakar bedah

مبضع

pisau bedah

عملية

pembedahan

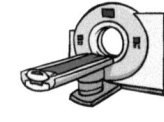

سيتي سكان

CT

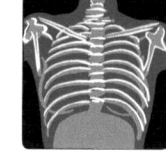

الأشعة السينية

x-ray

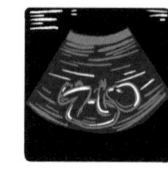

فوق الصوتي

ultrabunyi

القناع

topeng muka

المرض

penyakit

غرفة الانتظار

bilik menunggu

العُكّاز

penongkat

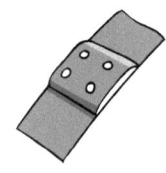

شريط لاصق

plaster

ضماد

pembalut

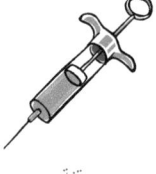

حقنة

suntikan

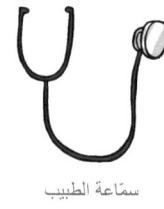

سمّاعة الطبيب

stetoskop

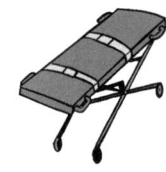

نقالة

pengusung

ميزان حرارة

termometer klinik

ولادة

kelahiran

وزن زائد

berat badan berlebihan

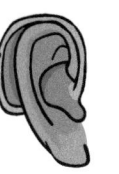

جهاز السمع

alat pendengaran

المواد المعقمة

disinfektan

عدوى

jangkitan

فيروس

virus

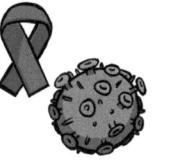

الإيدز

HIV / AIDS

الطب

perubatan

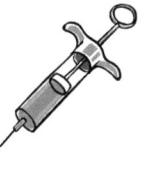

اللقاح

vaksinasi

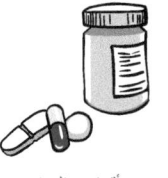

أقراص الدواء

tablet

حبّة الدواء

pil

نداء النجدة

panggilan kecemasan

مقياس ضغط الدم

pantau tekanan darah

مريض / صحيح

sakit / sihat

kecemasan

النجدة!

Tolong!

إنذار

penggera

اعتداء

serang

هجوم

serangan

خطر

bahaya

مخرج طوارئ

pintu kecemasan

حريق!

Api!

جهاز الإطفاء

alat pemadam api

حادث

kemalangan

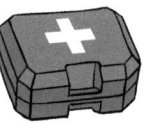

حقيبة الإسعاف الأولي

alat pertolongan cemas

أنقذونا

SOS

الشرطة

polis

أوروبا
....
Eropah

أمريكا الشمالية
....
Amerika Utara

أمريكا الجنوبية
....
Amerika Selatan

أفريقيا
....
Afrika

آسيا
....
Asia

أستراليا
....
Australia

المحيط الأطلسي
....
Atlantic

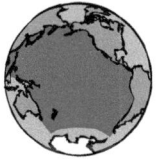

المحيط الهادي
....
Pasifik

المحيط الهندي
....
Lautan Hindi

المحيط المتجمد الجنوبي
....
Lautan Antartik

المحيط المتجمد الشمالي
....
Lautan Artik

القطب الشمالي
....
Kutub utara

القطب الجنوبي

Kutub Selatan

منطقة القطب الجنوبي

Antartika

أرض

bumi

بر

tanah

بحر

laut

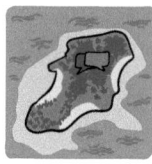

جزيرة

pulau

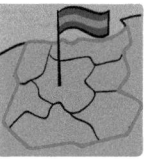

أمة

negara

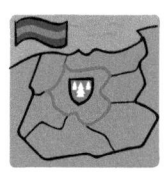

دولة

negeri

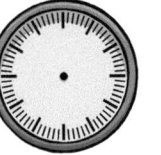

ميناء الساعة

muka jam

عقرب الساعات

tangan jam

عقرب الدقائق

tangan minit

عقرب الثواني

terpakai

كم الساعة الآن؟

Jam berapa sekarang

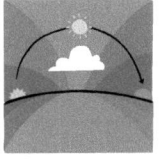

يوم

hari

زمن

masa

الآن

sekarang

ساعة رقمية

jam digital

دقيقة

minit

ساعة

jam

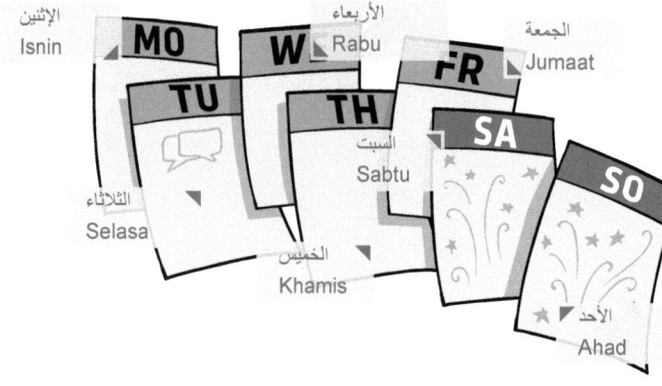

الأمس

semalam

اليوم

hari ini

غدا

esok

الصباح

pagi

الظهر

tengah hari

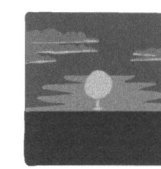

المساء

petang

أيام العمل

hari kerja

نهاية الأسبوع

hari minggu

سنة

tahun

مطر
hujan
قوس قزح
pelangi
ريح
angin
ثلج
salji
الربيع
musim bunga
الصيف
musim panas
الخريف
musim luruh
الشتاء
musim salji

4.APRIL 11°
5.APRIL 4°
6.APRIL 13°
7.APRIL 8°
8.APRIL 10°

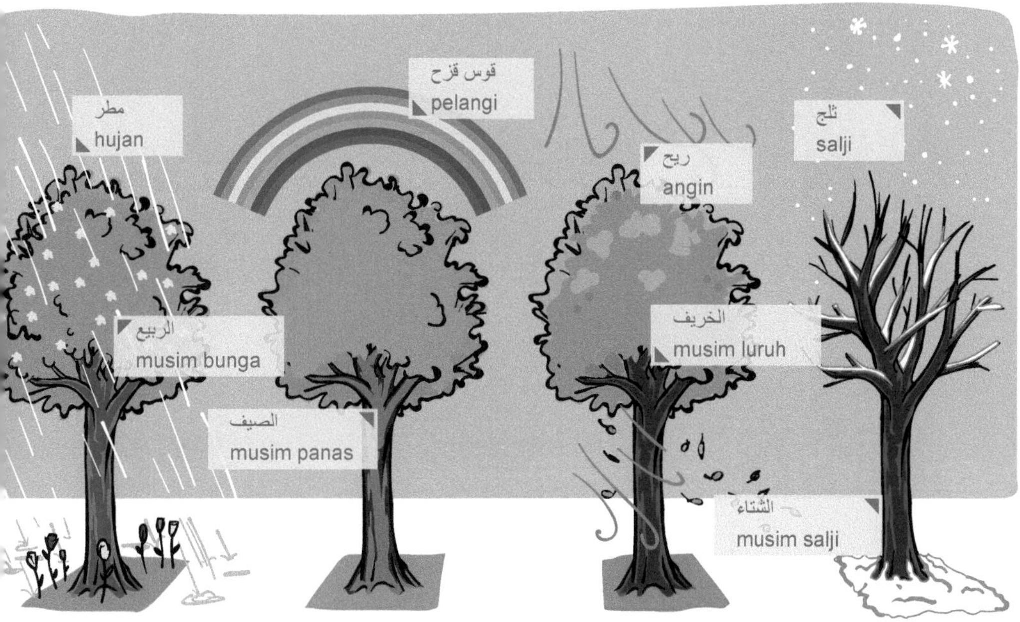

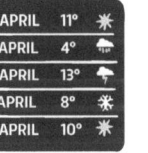

التنبؤ بالحالة الجوية
....
ramalan cuaca

F C
120 40
90 30
60 20
30 10
0 0
-30 -10
-20

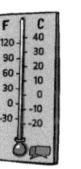

مقياس حرارة
....
termometer

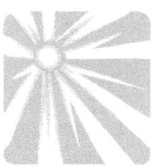

ضوء الشمس
....
sinar matahari

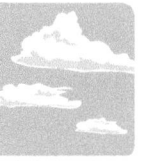

سحابة
....
awan

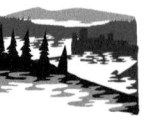

ضباب
....
kabus

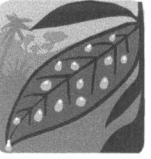

رطوبة الجو
....
lembapan

برق

kilat

رعد

petir

عاصفة

ribut

بَرَد

hujan batu

ريح موسمية

monsun

طوفان

banjir

جليد

ais

كانون الثاني / يناير

Januari

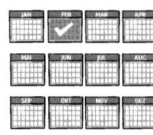

شباط / فبراير

Februari

آذار / مارس

Mac

نيسان / أبريل

April

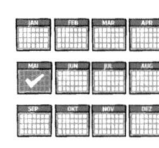

أيار / مايو

Mei

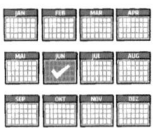

حزيران / يونيو

Jun

تموز / يوليو

Julai

آب / أغسطس

Ogos

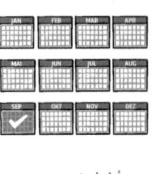

أيلول / سبتمبر
....
September

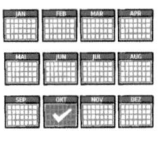

تشرين الأول / أكتوبر
....
Oktober

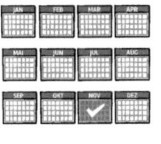

تشرين الثاني / نوفمبر
....
November

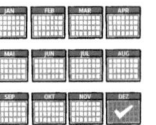

كانون الأول / ديسمبر
....
Disember

أشكال

bentuk

دائرة
....
bulatan

مربّع
....
petak

مستطيل
....
segi empat tepat

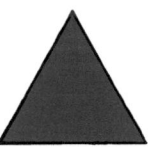

مثلّث
....
segitiga

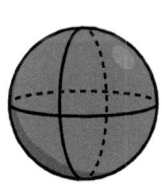

كرة
....
sfera

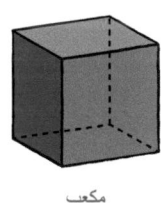

مكعب
....
kiub

أبيض

putih

أصفر

kuning

برتقالي

oren

وردي

merah jambu

أحمر

merah

بنفسجي

ungu

أزرق

biru

أخضر

hijau

بنّي

coklat

رمادي

kelabu

أسود

hitam

كثير / قليل

banyak / sedikit

غضبان / هادئ

marah / tenang

جميل / قبيح

cantik / hodoh

بداية / نهاية

bermula / tamat

كبير / صغير

besar kecil

فاتح / قاتم

terang / gelap

أخ / أخت

abang / kakak

نظيف / وسخ

bersih / kotor

كامل / ناقص

lengkap / tidak lengkap

نهار / ليل

hari / malam

ميت / حيّ

mati / hidup

عريض / ضيّق

luas / sempit

صالح للأكل / غير صالح

boleh dimakan / tidak boleh
dimakan

شرّير / لطيف

jahat / baik

مثير / ممل

teruja / bosan

سمين / نحيف

gemuk / kurus

أولاً / أخيراً

pertama / terakhir

صديق / عدو

kawan / musuh

مليء / فارغ

penuh / kosong

صلب / لينّ

keras / lembut

ثقيل / خفيف

berat / ringan

جوع / عطش

lapar / dahaga

مريض / صحيح

sakit / sihat

غير شرعي / شرعي

menyalahi undang-undang /
undang-undang

ذكي / غبي

pintar / bodoh

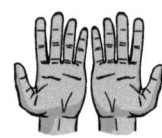

يسار / يمين

kiri / kanan

قريب / بعيد

dekat / jauh

جديد / مستعمل

baru / lama

لا شيء / بعض الشيء

tiada / sesuatu

مسن / شاب

tua / muda

يشعل / يطفئ

hidup / mati

مفتوح / مغلق

terbuka / tertutup

خافت / عالٍ

diam / bising

غني / فقير

kaya / miskin

صح / خطأ

betul / salah

أحرش / أملس

kasar / halus

حزين / سعيد

sedih / gembira

قصير / طويل

pendek / panjang

بطيء / سريع

lambat / laju

مبلول / جاف

basah / kering

ساخن / بارد

panas / sejuk

حرب / سلم

berperang / berdamai

الأضداد - berlawanan

0

صفر

sifar

1

واحد

satu

2

اثنان

dua

3

ثلاثة

tiga

4

أربعة

empat

5

خمسة

lima

6

ستة

enam

7

سبعة

tujuh

8

ثمانية

lapan

9

تسعة

sembilan

10

عشرة

sepuluh

11

أحد عشر

sebelas

12
اثنا عشر

dua belas

13
ثلاثة عشر

tiga belas

14
أربعة عشر

empat belas

15
خمسة عشر

lima belas

16
ستة عشر

enam belas

17
سبعة عشر

tujuh belas

18
ثمانية عشر

lapan belas

19
تسعة عشر

Sembilan belas

20
عشرون

dua puluh

100
مائة

ratus

1.000
ألف

ribu

1.000.000
مليون

juta

bahasa-bahasa

الإنكليزية

Bahasa Inggeris

الإنكليزية الأمريكية

Bahasa Inggeris Amerika

لغة ماندارين الصينية

Bahasa Cina Mandarin

الهندية

Bahasa Hindi

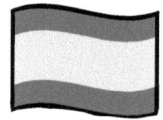

الإسبانية

Bahasa Sepanyol

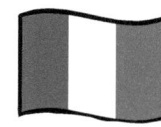

الفرنسية

Bahasa Perancis

العربية

Bahasa Arab

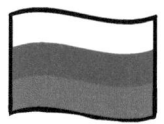

الروسية

Bahasa Rusia

البرتغالية

Bahasa Portugis

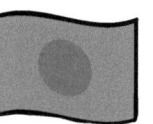

البنغالية

Bahasa Benggali

الألمانية

Bahasa Jerman

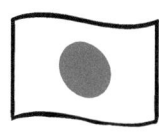

اليابانية

Bahasa Jepun

أنا
saya

أنت
anda

هو / هي
dia / dia / ia

نحن
kita

أنتم
anda

هم
mereka

من؟
siapa?

ماذا؟
apa?

كيف؟
bagaimana?

أين؟
di mana?

متى؟
bila?

اسم
nama

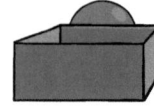

خلف

belakang

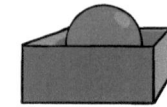

في

dalam

أمام

di hadapan

فوق

lebih

على

pada

تحت

di bawah

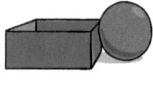

جنب

bersebelahan

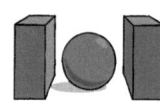

بين

antara

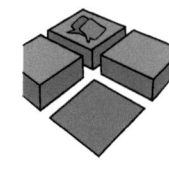

مكان

tempat